세상을 미운
발명들

Original Title: Which Inventions Changed the World?
Copyright © 2023 Dorling Kindersley Limited
A Penguin Random House Company

www.dk.com

세상을 바꾼 발명들

리비 로메로

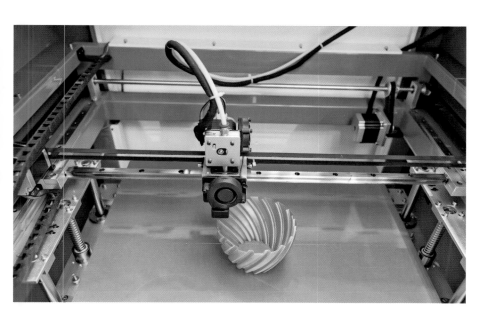

 삼성출판사

차례

더 빨리 가고 싶어요

더 크게! 더 좋게! 더 높게! 더 빨리! 사람들은 여러 가지
이유로 발명에 발명을 거듭해 왔어요.

발명은 문제를 해결해 주어요. 발명은 흥미진진해요.
세상을 바꾼 놀랄 만한 발명이 참 많아요.

한번 생각해 봐요. 먼 옛날에는 선원들이 태양과 별을
길잡이 삼아 바다를 항해했어요. 그러던 어느 날
나침반이 발명되었어요. 나침반은 정확한 방향을 알려
주었지요.

오늘날에는 '전 세계 위성 항법 시스템'을 뜻하는 GPS가
찾아갈 방향을 정확히 알려 주어요. 발명은 사람들이
이동하는 방법을 바꾸어 놓았어요.

길 찾기

스마트폰, 자동차 등에는 GPS가 설치되어 있어요. GPS는 전파와 인공위성을 이용해 현재 위치와 이동해야 할 방향을 정확하게 알려 주어요.

가족을 만나기 위해, 돈을 벌기 위해, 전쟁을 치르기 위해
사람들은 이동을 해야 했어요. 바퀴가 먼 길을 더 편하고
빠르게 돌아다닐 수 있도록 도와주었어요.
원래 바퀴는 도자기를 만들 때 이용되었어요.
그러다 바퀴 사이에 축을 끼워 넣고,
전쟁터를 달리는 전차와
사람과 짐을 운반하는 수레에
연결했지요.

자전거는 1817년에 발명되었어요. 전차나 수레와 달리 말이나 소가 끌어 주지 않아도 나무 바퀴가 굴러갔지요. 당시의 자전거는 체인이나 페달, 브레이크가 없는 모습이었어요. 스케이트보드처럼 자전거에 올라탄 사람이 발로 땅을 치며 힘껏 밀어야 했지요. 자전거는 값싸고 편리한 이동 수단으로 인기를 끌었어요.

엔진이 발명되며 이동은 한결 빨라졌어요. 엔진은
연료를 태워 에너지를 만들어 내는 장치예요.
이 큰 변화의 시작을 알린 것은 증기 기관이었어요.
증기 기관 덕분에 무거운 기차가 기찻길을 쌩쌩 달릴 수
있었지요.

다음에 등장한 것은 가솔린 기관이었어요.
가솔린 기관은 오늘날 전 세계의
도로를 누비는 자동차에 널리
쓰이고 있어요.
한 걸음 더 나아가
로켓 기관의 발명과 함께
인류는 우주로
진출하게 되었지요.

많은 발명품이 자연에서 아이디어를 얻었어요.
특히 새는 발명가의 보물 창고였지요.
비행기 발명가들은 새들이 하늘을 나는 모습에서
아이디어를 얻었어요.

물총새

탄환 열차

일본의 초고속 열차인 '탄환 열차'는 물총새의 부리와
비슷한 모습으로 디자인되었어요. 그 결과 소음을
줄이는 한편 속도를 높이고 사용하는 전기 양도 줄일 수
있었지요.

오늘날 과학자들은 헬리콥터의 비행 능력을 더욱 향상시킬 방법을 찾기 위해 벌새의 날갯짓을 연구하고 있어요..

헬리콥터

벌새

라이트 형제

오빌과 윌버 라이트 형제는 오랜 시간 새들을 연구했어요. 그리고 끊임없는 노력 끝에 하늘을 나는 기계를 발명했지요. 1903년, 오빌은 역사상 처음으로 엔진의 힘으로 움직이는 비행기를 타고 하늘을 날았어요.

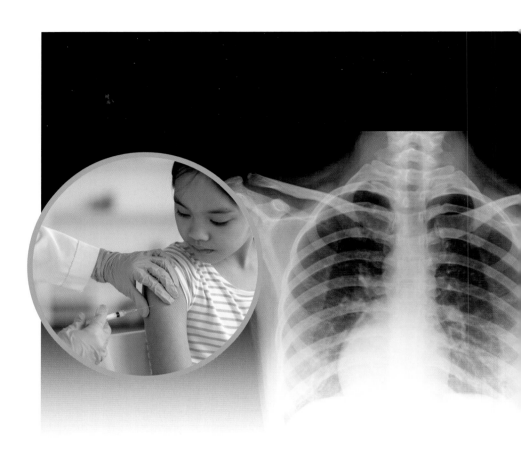

더 건강하게 살고 싶어요

건강보다 중요한 것은 없어요. 그래서 과학자들은
질병과 세균을 정복하기 위해 열심히 싸워 왔지요.
그들의 노력이 결실을 맺어 여러 가지 의학적 발명품이
등장했어요. 사람들에게 더 오래, 더 즐겁게 살 기회를
선물한 몇 가지 의학적 발명품을 소개할게요.

첫째, 페니실린은 세균을 죽이는 항생제예요. 항생제 덕분에 세균에 감염된 사람의 생명을 구할 수 있게 되었어요.

둘째, 백신은 전염병의 감염을 예방해 주어요. 우리 몸이 전염병에 맞서 싸울 수 있는 힘을 길러 주는 거예요.

셋째, 엑스레이 촬영은 의사가 환자의 몸 안을 들여다볼 수 있게 도와주어요. 안전하고 빠르게 환자의 상태를 검사할 수 있게 되었지요.

마리 퀴리

제1차 세계 대전이 한창이던 시절, 마리 퀴리는 휴대용 엑스레이 촬영 장비를 발명했어요. 그리고 다친 병사들을 치료하는 데 도움을 주기 위해 전쟁터로 달려 나갔어요.

더 편리하게 살고 싶어요

발명은 집 짓는 건축 기술의 발달에 큰 도움을 주었어요.
아주 오래전부터 여러 가지 도구가 발명되었지요.
사람들은 도구를 이용해 나무를 말끔히 다듬었어요.
대장간에서는 쇠붙이를 불에 달군 후 땡강땡강 두드려
못을 만들었지요. 나무를 쌓으며 못으로 단단히 이어
붙이면 튼튼하고 살기 편한 집이 완성되어요.

그 후 콘크리트, 강철, 유리의 발명과 함께 집은 더욱 튼튼해지고 더욱 높아졌어요. 도시에서는 높은 빌딩이 숲을 이루게 되었지요.

오늘날에는 책상에 앉아 컴퓨터 프로그램으로 집을 설계할 수 있어요. 대형 3D 프린터가 명령에 따라 바닥과 벽과 지붕을 만들어요. 사람들은 만들어진 여러 부분을 하나로 합쳐 집을 완성시켜요.

3D 프린터

3D 프린터를 이용해서 여러 가지 물건을 만들 수 있어요. 도구도 착착, 자전거도 척척, 심지어 아픈 사람을 위해 인공 뼈도 만들어요.

편리한 집을 위한 또 하나의 중요한 발명품은 전구예요.
전구 덕분에 사람들은 낮이든 밤이든 집 안을 환하게
밝힐 수 있지요.
전구로 인해 새로운 삶의 방식이 생겼는데, 바로
밤늦게까지 깨어 있기예요. 상점과 사무실은 한밤중에도
문을 열고, 가로등이 어두컴컴한 밤길을 밝혀 주기
때문에 해가 진 뒤에도 안전하게 돌아다닐 수 있어요.

'발명왕' 토머스 에디슨
전구를 발명한 사람은 많아요.
하지만 실생활에 사용하기 편리한
전구를 처음으로 발명한 사람은
토머스 에디슨이에요.

더 많이 알고 싶어요

세상을 바꾸는 가장 좋은 방법은 무엇일까요? 바로
생각을 바꾸는 거예요. 사람들이 생각을 바꿀 수 있게
도와준 발명품이 있어요. 바로 활판 인쇄예요.
예전에는 책의 한 면을 나무판에 통째로 새겨 넣고
찍었어요. 이 나무판은 오직 그 책을 찍을 때만 쓰였지요.

그와 달리 활판 인쇄는 글자를 하나씩 따로따로 만든
다음 책의 한 면에 필요한 글자를 조합하여 찍었어요.
다른 책을 찍을 때는 글자를 달리 조합하면 되니 훨씬
빠르게 책을 만들 수 있었지요.

활판 인쇄술의 발명으로 책 만들기가 더욱 쉬워지고
책값은 더 싸졌어요. 비싼 책을 살 여유가 없던 사람들도
독서를 통해 지식을 쌓을 수 있었지요.

세상 돌아가는 사정을 이해하게 된 사람들은 억울하고
답답한 일에 의문을 가지기 시작했어요. 그러한 의문은
변화를 요구하는 목소리로 이어졌어요.

사람들의 생각이 널리 전파되도록 도와준 발명품도
있어요. 이를 위해 처음 등장한 발명품은 전보였어요.
전보는 세상의 여러 소식을 전기 신호로 바꾸어
먼 거리까지 전해 주었어요.
다음은 라디오였어요. 전파에 실려 흐르는
생생한 목소리가 전 세계 집집마다
울려 퍼졌어요.

텔레비전은 소리와 함께 영상까지 전해 주는
발명품이에요. 텔레비전 화면을 통해
전 세계의 이모저모를 지켜보면서 사람들은
세상 보는 눈을 넓힐 수 있었지요.

전화는 사람들의 마음과 마음을 이어 주었어요.
전화번호만 누르면 먼 나라에 사는 친구와도 대화를
나눌 수 있었지요. 사방으로 연결된 전화선을 타고
정겨운 목소리가 흘러 다녔어요.

오늘날에는 휴대폰이 널리 사용되어요. 전화선도 필요 없지요. 대화는 눈에 보이지 않는 전파에 실려 공중을 흘러 다녀요. 휴대폰 덕분에 사람들은 어디에서건 대화를 나누고, 일을 하고, 취미를 즐길 수 있어요.

세상을 바꾼 발명품 가운데 최고는 컴퓨터일지 몰라요.
자판을 몇 개 누르기만 하면 무한한 정보의 바다에 풍덩
뛰어들 수 있어요. 인터넷을 통해 전 세계의 컴퓨터가
서로 연결되어 거대한 통신망이 만들어진 거예요.
정보 검색이 다가 아니에요. 컴퓨터를 이용해 비행기를
조종할 수도 있고, 수술실에서 로봇 팔을 조작하여
의사를 도울 수도 있어요.

오늘날에는 사물 인터넷, 로봇 공학, 가상 현실 그리고 인공 지능 같은 놀라운 기술이 세상을 송두리째 변화시키고 있어요. 손바닥만 한 휴대폰에도 친구와 대화하듯 수다를 떨 수 있는 인공 지능 챗봇이 들어 있지요.

진짜 같은 가짜!

가상 현실은 컴퓨터를 이용해 신나게 게임을 즐기는 아주 멋진 방법이에요. 지식 습득에도 큰 도움을 주지요. 비행기 조종사, 의사, 우주인은 가상 현실을 통해 새로운 기술을 배워요.

새로운 발명은 끊임없이 계속되어 왔어요. 어떤 발명은 이미 세상에 널리 알려진 기술이나 물건에 대한 불만 때문에 생겨나요. 하지만 그때까지 어느 누구도 꿈꾸지 못한 완전히 새로운 기술이나 물건이 발명되기도 하지요.

어느 발명이건, 발명은 사람들의 생활을 더욱 편리하고 풍요롭고 재미있게 해 주어요. 한마디로 발명은 세상을 바꾸어 왔어요. 여러분도 발명에 동참할 준비가 되었나요?

용어 정리

가상 현실
현실이 아닌데도 실제처럼 보이고 느껴지는 경험. 컴퓨터 프로그램이 만들어 낸다.

강철
탄소가 포함된 튼튼한 철

면역
우리 몸을 보호하는 방어 체계. 몸 안에 자연적으로 갖추어져 있거나 백신 접종을 통해 생겨난다.

발명
새로운 기술이나 물건을 만들어 내는 일

백신
질병을 예방하기 위해 몸속에 집어넣는 물질

사물 인터넷
사물에 센서를 부착해 인터넷으로 데이터를 주고받는 기술

세균
하나의 세포로 이루어진 생물. 질병을 일으킬 수도 있다.

인공 지능
사람처럼 생각하면서 정보를 처리하는 기술

콘크리트
시멘트, 모래, 자갈 또는 돌 조각을 섞어 만든 건축 재료

항생제
질병을 일으키는 미생물의 성장을 막거나 죽이는 약

항해
배를 타고 바다 위를 다니는 일

휴대
손에 들거나 몸에 지니고 다니는 일

GPS
'전 세계 위성 항법 시스템'으로, 인공위성을 이용해 현재 위치에 대한 정보를 제공한다.

퀴즈

이 책을 읽고 무엇을 알게 되었는지 물음에 답해 보세요.
(정답은 맨 아래에 있어요.)

1. 정확한 방향을 알려 줌으로써 세계를 여행하는 방법을
   바꾸어 놓은 두 가지 발명품은 무엇일까요?

2. 비행기를 발명하는 데 도움을 준 동물은 무엇일까요?

3. 전염병을 예방하는 데 도움을 주는 발명품은 무엇일까요?

4. 인터넷의 발명이 중요한 까닭은 무엇일까요?

5. 여러분이 가장 좋아하는 발명품은 무엇인가요?
   또 그 발명품이 어떻게 세상을 변화시켰는지 말해 보세요.

1. 나침반과 GPS 2. 새 3. 백신
4. 전 세계의 컴퓨터를 서로 연결시켜 거대한 통신망을 만들어 냈기 때문에
5. 자유롭게 답해 보세요.

DK 읽는재미!
SUPER Readers

아이들의 흥미와 발달을 모두 고려한
체계적인 읽기 프로그램 <DK 읽는 재미>.
스트레스 없는 책 읽기를 통해
아이들의 문해력이 자연스럽게 향상됩니다.

LEVEL 1
스스로
읽어요

취학 전~
초등 1학년

본문 32p